DEPUIS LE LOUVRE, DANS LE 1ER ARRONDISSEMENT, JUSQU'AU CIMETIÈRE DU PÈRE-LACHAISE, DANS LE 20E ARRONDISSEMENT, **360°PARIS** VOUS PROPOSE UNE PROMENADE LE LONG DE LA SPIRALE FORMÉE PAR CHACUN DES VINGT QUARTIERS DE PARIS. CHAQUE CLICHÉ PANORAMIQUE VOUS PLACE AU CŒUR DE LA SCÈNE POUR QUE VOUS PLONGIEZ DANS L'ATMOSPHÈRE PARISIENNE, COMME JAMAIS AUCUNE PHOTO NE L'A FAIT. VOUS DÉCOUVRIREZ LES SITES LES PLUS CÉLÈBRES, TELS LE PALAIS-ROYAL, LE CENTRE POMPIDOU, NOTRE-DAME OU LA PLACE DE LA CONCORDE, MAIS AUSSI DES LIEUX INSOLITES ET SURPRENANTS COMME LE MARCHÉ AUX OISEAUX DE L'ÎLE DE LA CITÉ OU CETTE BOUTIQUE DE TAXIDERMISTE DANS LE QUARTIER DE SAINT-GERMAIN-DES-PRÉS.

360° PARIS

NICK WOOD

Adaptation française
EMMANUEL PAILLER

GRÜND

Adaptation française :
Emmanuel Paillet
Secrétariat d'édition :
Claire Collart
Photographies : Nick Wood

ISBN 2-7000-1338-7
Dépôt légal : août 2004
PAO : Tifinagh
Imprimé à Singapour

PAGE PRÉCÉDENTE : l'Institut du Monde Arabe.

SUR CETTE PAGE : Dominant l'île de la Cité, Notre-Dame de Paris est le cœur spirituel de Paris depuis sa construction, commencée en 1163. L'intérieur mesure 140 mètres de long, 50 mètres de large, et 40 mètres de haut. L'édifice peut accueillir 6000 fidèles. Chaque cloche porte un nom : la plus grande, Emmanuel, pèse 13 tonnes. Sous la Révolution, la cathédrale servit d'entrepôt de vin.

PARIS À 360°...
présente divers endroits photographiés de manière intégralement panoramique. De la splendeur gothique de Notre-Dame aux tours ultra-modernes de la Défense, en passant par les bijouteries chic de la place Vendôme, découvrez l'une des plus belles villes du monde à **360°**.

Les images de ce livre ont été prises à l'aide d'un appareil digital Nikon monté sur un trépied spécial. Nous avons créé ces vues panoramiques en faisant pivoter l'appareil et en prenant une photographie tous les 22,5°. Les seize clichés ainsi obtenus ont ensuite été assemblés pour produire une image complète.

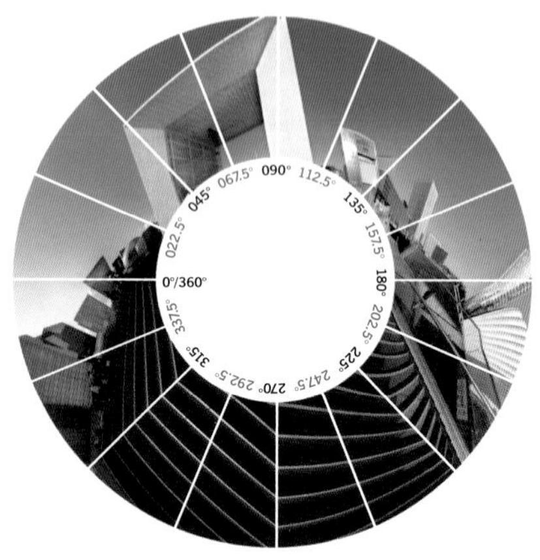

INTRODUCTION

PARIS C'EST ...

2,1 millions d'habitants intra muros

10,9 millions d'habitants dans l'agglomération, soit **18%** de la population française

Une surface de **3600 km²**

Plus de **180 km** de lignes de métro, desservant **368** stations

1 station de métro (au moins) à **500 m** au maximum de chaque habitation

1800 km de voies rapides et d'autoroutes

36 millions de touristes par an, dont **60%** d'étrangers

2 aéroports, avec plus de **70 millions** de voyageurs par an

...c'est aussi un merveilleux endroit à découvrir à 360°

De Londres, où j'habite, je me rends régulièrement à Paris depuis des années, que ce soit pour le travail ou pour mon plaisir. Grâce à l'Eurostar, le style et l'atmosphère de Paris ne sont qu'à trois heures de mon atelier londonien.

Paris est en quelque sorte la Reine Mère de l'Europe. Cette capitale, modèle de style et de sophistication, peut être fière de son incroyable patrimoine culturel et architectural, depuis les maisons médiévales jusqu'aux boulevards haussmanniens, sans oublier les incroyables structures ultra-modernes de la Défense.

Contrairement à d'autres villes célèbres, Paris a permis à ces différents styles de coexister harmonieusement. Qui peut désormais imaginer le Louvre sans son extraordinaire pyramide de verre ?

Bien que leur ville se trouve au cœur de l'Europe, géographiquement et économiquement, les Parisiens restent très attachés à leur individualité, ce qui explique pourquoi Paris a toujours attiré les grands écrivains, artistes et penseurs. Historiquement, la capitale se distingue par son caractère frondeur, à la pointe des révolutions.

Les petits bonheurs de la vie jouent un rôle essentiel dans le mode de vie français et parisien. Ils se nichent partout, dans le verre de pastis siroté à l'apéritif, dans l'excellent café des brasseries, dans la profusion de boutiques vendant des fleurs, des chocolats fins ou des vêtements de créateurs. Cet art de vivre, omniprésent à Paris, semble être indissociable de la ville.

Ce mélange enivrant d'architecture, de forte identité et de style inné fait de Paris l'une des villes les plus inoubliables de la planète. C'est un endroit rêvé pour un photographe. Chaque paysage, chaque intérieur, chaque portrait éclate de couleur, de force, de vie : pourquoi ne pas montrer ce spectacle à 360° ?

Ma relation avec Paris a inévitablement évolué à mesure que j'élaborais cet ouvrage. J'ai effectué pratiquement tous mes déplacements en vélo : une méthode idéale pour découvrir la capitale, des arômes du café fraîchement moulu du marché d'Aligre jusqu'aux parapets du Pont Neuf.

J'espère que ces images sauront transmettre ma fascination et mon admiration pour Paris et ses habitants. Voilà une ville comme je les aime !

NICK WOOD

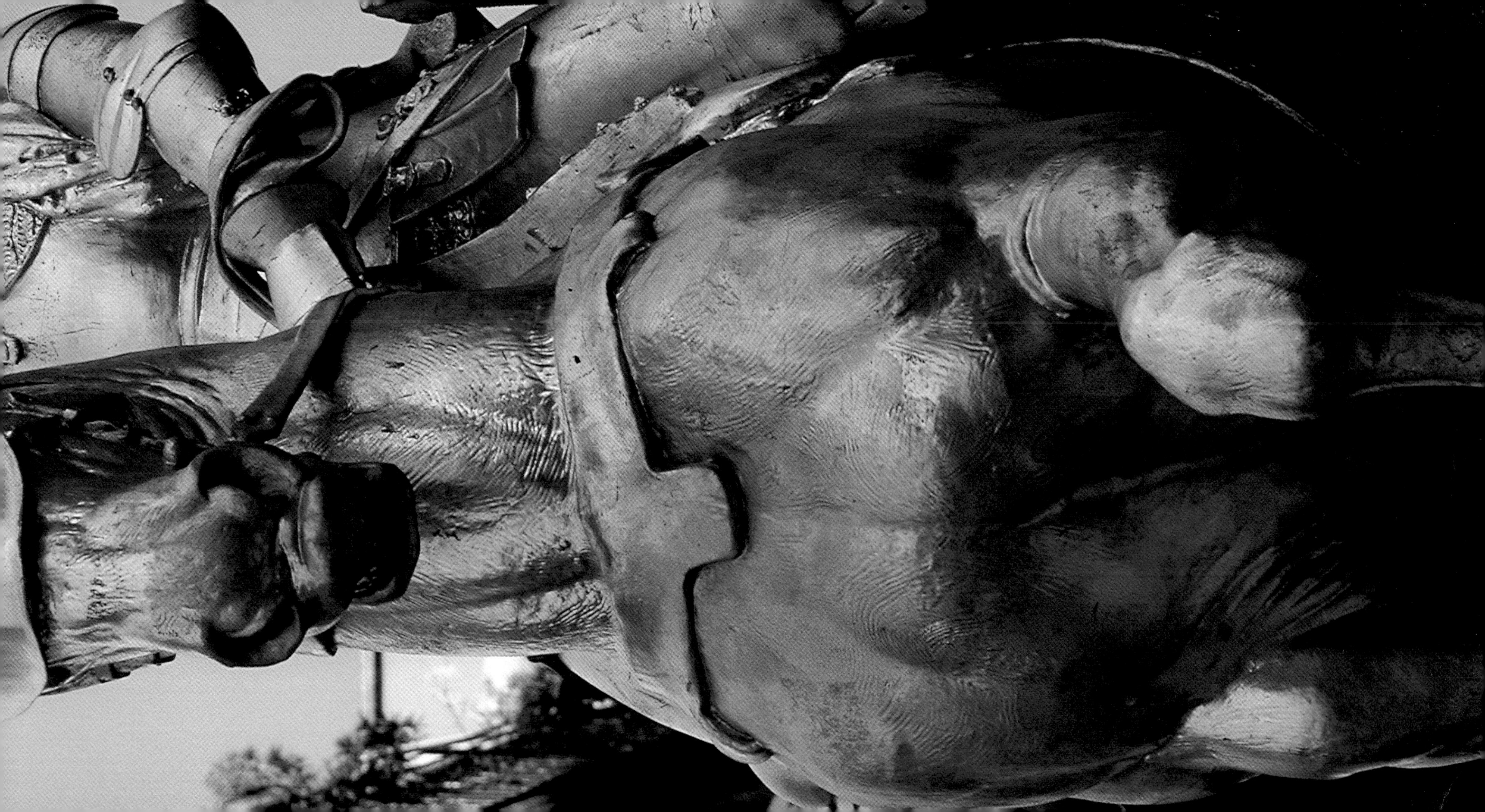

TABLE DES MATIÈRES

PARIS EST COMPOSÉ DE 20 ARRONDISSEMENTS, disposés en forme d'escargot autour du centre. Chaque arrondissement possède son propre caractère, du 5e artistique au très bourgeois 16e. Paris à 360° suivra cette spirale, de la place du Carrousel (1er arrondissement) jusqu'à la Défense, à la limite de la ville.

LES FRANÇAIS, EN PARTICULIER LES PARISIENS, vivent depuis longtemps une histoire d'amour avec la bicyclette. Paris possède environ 200 km de pistes cyclables, et ce mode de transport est encouragé par la mairie. Il existe même un projet de « piste cyclable périphérique ».

PARIS EST UNE VILLE D'ARCS. L'arc de triomphe de la place du Carrousel marque le début de l'axe historique, qui se poursuit avec l'Arc de Triomphe de l'Étoile, l'Obélisque de la Concorde, et la Grande Arche de la Défense. Construit par Napoléon en 1808, cet arc comportait à l'origine des chevaux de bronze pris comme butin dans la cathédrale Saint Marc de Venise et qui furent restitués après la seconde guerre mondiale.

LA PLACE DU CARROUSEL

LE LOUVRE CONTIENT PRÈS DE 30 000 ŒUVRES.

CE MUSÉE PARISIEN LÉGENDAIRE associe une architecture classique à d'étonnantes créations modernes. En 1989, la pyramide de verre et d'acier de l'architecte sino-américain Pei, fut construite au centre de la cour Napoléon. Très controversée lors de son inauguration, elle fait maintenant partie du paysage parisien. Le musée doit sa renommée internationale à la richesse de ses collections de peintures françaises, italiennes et flamandes comme d'antiquités grecques et romaines.

LE LOUVRE

LE LOUVRE se dévoile dès la station de métro Louvre Rivoli, qui expose aux passagers des copies d'œuvres d'art.

DEPUIS SA SOURCE JUSQU'À SON EMBOUCHURE AU HAVRE,

CONSTRUIT PAR NAPOLÉON Ier EN 1803, le pont des Arts, destiné aux piétons, fut le premier pont métallique de Paris. Il offre une vue sur la pointe ouest de l'île de la Cité que Victor Hugo décrivait comme la tête, le cœur et la moelle même de Paris. La Seine coupe la ville en deux : la rive gauche symbolise l'art, la culture et le savoir, tandis que la rive droite est le quartier du commerce, des affaires et du luxe.

LA SEINE MESURE PLUS DE 700 KM DE LONG.

LE PONT DES ARTS

C'EST DANS CE LÉGENDAIRE MARCHÉ AUX OISEAUX de l'île de la Cité que vous pourrez trouver toutes sortes d'espèces, depuis les perroquets jusqu'aux colibris. Chaque dimanche, de 8 heures à 19 heures, la halle qui accueille le marché aux fleurs les six autres jours de la semaine se transforme en une exposition de couleurs et de plumages chatoyants.

LE MARCHÉ AUX OISEAUX

CE CARREFOUR MENANT À LA PLACE VENDÔME est le centre du chic parisien, avec Cartier, Trussardi, Boucheron et d'autres empereurs de la mode. L'endroit a toujours été très en vogue : Napoléon y épousa Joséphine de Beauharnais en 1796. Deux siècles plus tard, la princesse Diana et Dodi al-Fayed séjournèrent à l'hôtel Ritz avant la fin dramatique que l'on sait.

LA PLACE VENDÔME

LA COLONNE DE LA GRANDE ARMÉE (page suivante) fut construite en 1806, en fondant 1250 canons russes et autrichiens pris à la bataille d'Austerlitz. La colonne fut abattue en 1871 ; le monument actuel en est une réplique.

FONDÉE EN 1827, la bijouterie Mauboussin représente l'équivalent français de *Tiffany*; elle se spécialise en accessoires scintillants créés sur mesure pour les femmes fortunées.
La boutique minimaliste de la place Vendôme est mondialement célèbre : la légende dit que Marlène Dietrich avait fait installer une ligne spéciale reliant son appartement new-yorkais à la bijouterie.

LA BIJOUTERIE MAUBOUSSIN

EN ENTRANT DANS LA BOUTIQUE DE LINGERIE RAFFINÉE FIFI CHACHNIL, rue Cambon, on éprouve l'impression de pénétrer dans un boudoir du XVIIIe siècle. Fifi, au centre de la photo, crée des sous-vêtements de soie et de dentelle, des soutiens-gorge à volants, ou encore des négligés noirs, spécialités de la maison.

FIFI CHACHNIL

Mardi

Fifi
CHACHNIL
PARIS

Fifi
CHACHNIL
CHACHNIL
PARIS

CONSTRUIT AU XVIIE SIÈCLE par le cardinal de Richelieu, le Palais-Royal accueille désormais le Conseil d'État et le ministère de la Culture ; il est donc fermé au public. En 2000, l'artiste parisien Jean-Michel Othoniel a conçu le Kiosque des Noctambules, un ensemble de verre soufflé placé juste à côté du Palais-Royal, afin de célébrer le centenaire du métro parisien.

LE JEUNE LOUIS XIV HABITA LE PALAIS DANS LES ANNÉES 1640.

LE PALAIS-ROYAL

LES ESPACES VERTS PARISIENS sont disposés et arrangés avec un soin et une précision rares. Des parcs comme le jardin du Palais-Royal sont toujours parfaitement entretenus. Les tilleuls sont taillés en marquise et les deux grandes pelouses sont agrémentées de luxuriants buissons de roses.

LES JARDINS DU PALAIS-ROYAL

QU'IL S'AGISSE DE SOUS-VÊTEMENTS DE DENTELLE, de vins fins ou de chocolats, les Parisiens ont toujours pris les petits plaisirs de la vie très au sérieux. Les gourmets parisiens vont chez Godiva, la célèbre boutique du chocolatier belge qui ouvrit ses portes à Paris en 1958. Ici, vous trouverez des chocolats noirs ou blancs, des caramels, des truffes et des fondants à se damner.

LES CHOCOLATS GODIVA

LA DÉCORATION de cet appartement, dans le style typique de la Belle Époque, nous laisse imaginer les fastes de cette période. Son mobilier en bois précieux et orné, ses ors et ses tableaux familiaux sont représentatifs de l'esprit du début du XXe siècle.

UN APPARTEMENT DE LA BELLE ÉPOQUE

LE SQUAT D'ARTISTES est une tradition parisienne. *L'Électron Libre* du 59 rue de Rivoli est l'un des plus célèbres. Dans une zone immobilière particulièrement chère, des artistes bohémiens se sont emparés de six étages, avec leurs tableaux, sculptures et autres installations. Ce squat, illégal mais toléré par les autorités, constitue l'une des curiosités touristiques les plus étonnantes de Paris.

UN SQUAT D'ARTISTES

LE CENTRE POMPIDOU créé par Richard Rogers et Renzo Piano s'appelait à l'origine Centre Beaubourg. À l'intérieur se trouve l'impressionnant Musée national d'art moderne. Son architecture extérieure fut très controversée à son ouverture, en 1977. Ses célèbres tuyaux sont colorés en bleu pour la climatisation, en vert pour l'eau, et en jaune pour l'électricité.

LE CENTRE POMPIDOU

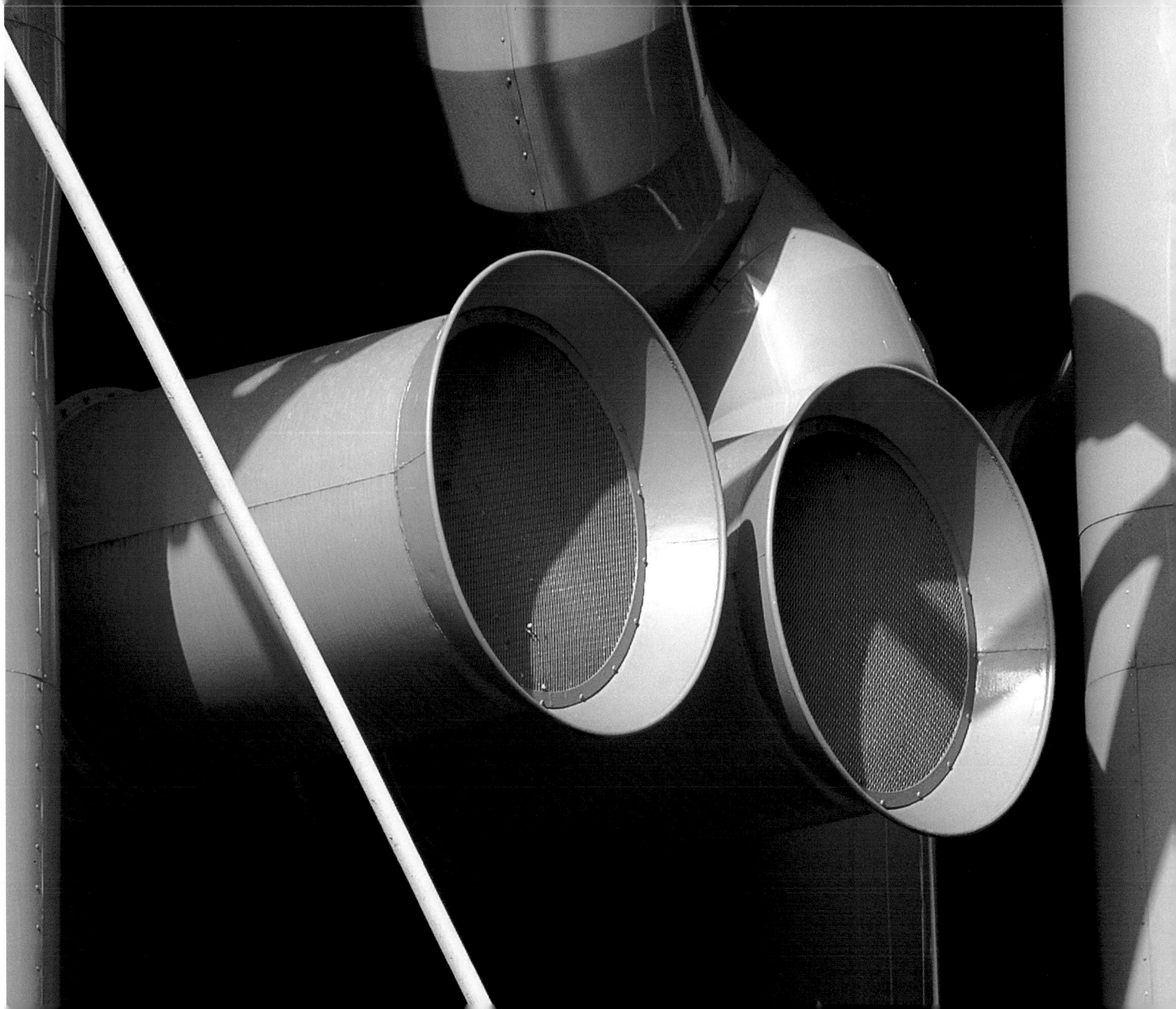

C'ÉTAIT UN PROJET d'une audace incroyable. En juillet 2002, le maire Bertrand Delanoë transforma en plage trois kilomètres de quais sur la rive droite de la Seine, depuis le quai Henri IV jusqu'au quai des Tuileries. Deux millions de Parisiens s'y précipitèrent, puis trois millions en 2003. Cette extraordinaire installation fait le bonheur des citadins.

UNE « PLAGE » AVEC 80 PALMIERS, 300 CHAISES LONGUES ET UNE BIBLIOTHÈQUE AMBULANTE.

PARIS-PLAGE

IL N'Y A QU'À PARIS qu'un malfaiteur risque d'être arrêté par des policiers arrivant en rollers sur les lieux du crime… Tous les vendredis soirs, quelque 2 000 Parisiens traversent la ville en rollers, escortés par des policiers se déplaçant eux-mêmes sur roulettes. Les forces de l'ordre n'ont pas toujours paru aussi sympathiques. Dans les années 1930, les gendarmes devaient tous porter une « moustache sévère » pour paraître plus intimidants.

POLICIERS

LA ZONE QUI ENTOURAIT NOTRE-DAME était auparavant un port très actif. Les anneaux scellés dans les murs et utilisés autrefois pour attacher les bateaux, montrent combien le niveau de l'eau a baissé depuis cette époque. Depuis l'île de la Cité, le visiteur appréciera des vues étonnantes sur l'Institut du Monde Arabe, la Défense ou encore les différents ponts de Paris.

NOTRE-DAME

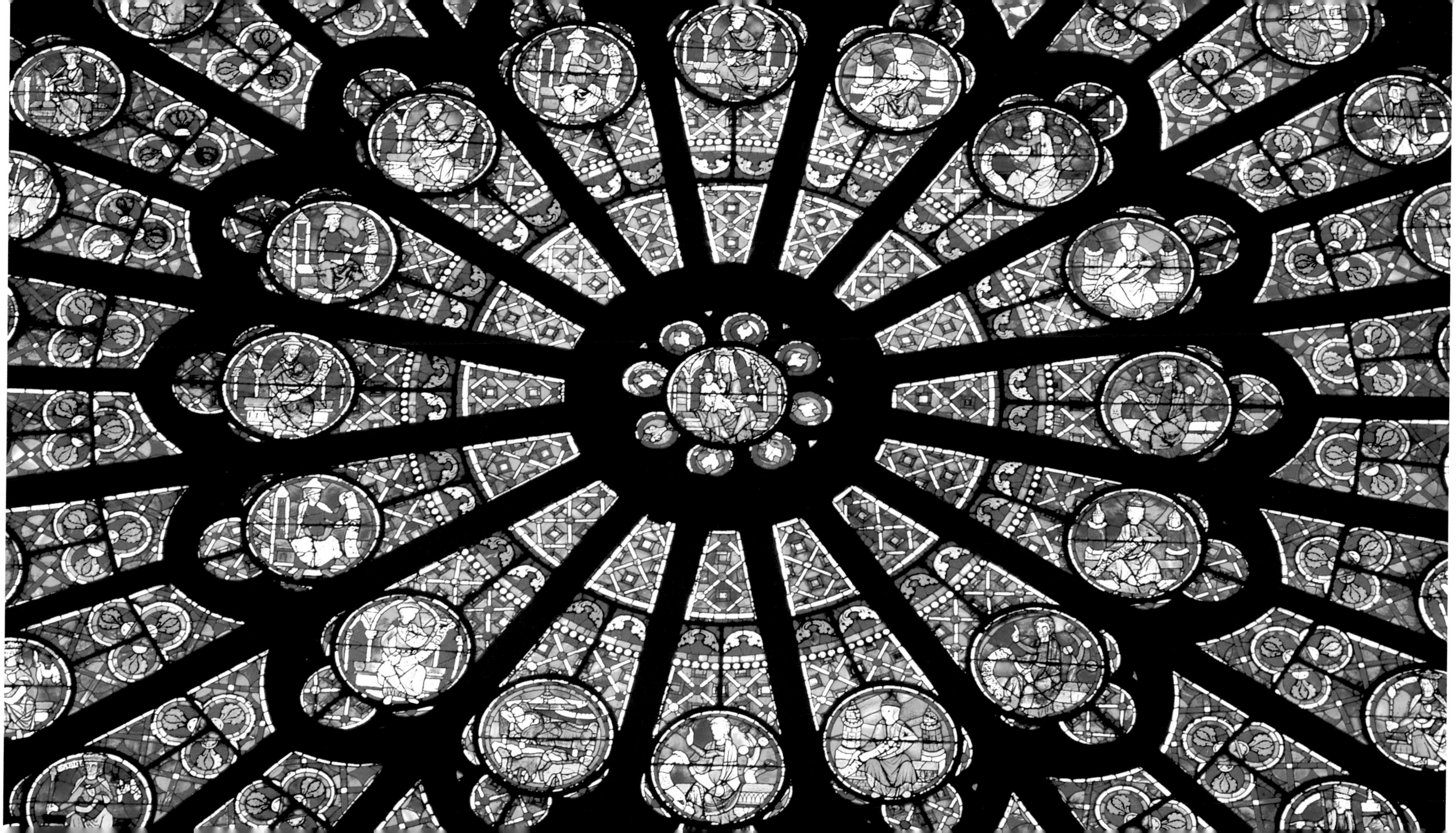

IL FAUT GRAVIR 387 MARCHES POUR ATTEINDRE LE SOMMET DE LA FAÇADE OUEST.

L'ORGUE COMPORTE 7 800 TUYAUX.

L'ARCHITECTURE ET L'ATMOSPHÈRE UNIQUE DE PARIS attirent les artistes depuis toujours. En été, il est très courant, lorsque l'on passe l'un des 36 ponts de la Seine, de rencontrer des peintres absorbés par leur travail créatif. Frank, peintre amateur canadien, retourne tous les trois ans à Paris pour continuer sa série de paysages urbains.

PICASSO PASSA TOUTE LA SECONDE GUERRE MONDIALE À PARIS.

VISION DE PEINTRE

AU MOMENT DE NOËL, la place de l'Hôtel de Ville se transforme parfois en féerie hivernale avec une patinoire sur laquelle chacun s'élance avec joie. En été, la place accueille des concerts ou des marchés ; des matchs y sont projetés sur grand écran. Autrefois, c'est ici qu'avaient lieu les exécutions publiques comme celle de Ravaillac, l'assassin de Henri IV, en 1610.

L'HÔTEL DE VILLE

RIEN N'EST PLUS FRANÇAIS QUE L'HUMBLE BAR-TABAC, avec ses alcools, ses paquets de Gitanes, son café noir et ses billets de loto. Il existe des milliers d'endroits de ce genre à Paris, qui accueillent dans leur décor plus ou moins fatigué toutes sortes de clients de passage et d'excentriques du quartier. Le Rallye, établissement familial, se distingue par son thème « Tintin ».

UN BAR-TABAC

TABAC

TABAC

TABAC
4me. ARRt.
BOULEVARD
HENRI IV

TABAC
GUINNESS

TABAC

TABAC

Cigarillos
2.60 €
MONTECRISTO
CAFÉ CRÈME
3,30 €
2.10
PRINCE
PRINCE
WHITE
MS
MS
NIÑAS
CAFÉ CRÈME
CAFÉ CRÈME
ROMEO Y JULIETA
PLÉIADES
100% TOBACCO
J. Cortès
J. Cortès
J. Cortès
J. Cortès
8.20
5.70
5.60
LONGCHAMP
LONGCHAMP
CAFÉ CRÈME
ROMEO Y JULIETA
MEDIUM
WILDE
La Paz
PRIMEROS
4.50 €
11.00 €
9.00 €
4.00
4.10
6.00 €
10.50
4.30
REYNOLDS
Winfield
HENRI WINTERMANS
SILK CUT
NEWS
BASTOS
PANTER
CAFÉ CRÈME
PANTER
Small
CLUBMASTER
HAVANITOS
CIGARILLOS
REINITAS
EXCELLENTES
Petit
CORPS DIPLOMATIQUE
MECCARILLOS
4.10
4.50
4,50 €
3.90
3.60
4,50 €
5,00 €
8,20 €
8,20 €
8.20
3,90 €
4,20 €
SILK CUT 4,50 €
BARCLAY
BARCLAY
CRAVEN -A-
CRAVEN -A-
PALL MALL
FILTER
BASIC
BASIC
Time
FINE 120
FINE 120
FINE 120
Davidoff
Davidoff
Winston
Winston
Marlboro
PALL MALL
MS
Fumer
Fumer
Fumer
Fumer
Fumer peut entraîner une mort lente et
Fumer bouche les artères et provoque des crises cardiaques
4.60
4.60
4.60
4.60
4.20
4.10
4.10
4.60
4.60
4.60
4.60
4.60
4.60
4.60
4.40
4.70
4.70
4.10
4.10
MURATTI
MURATTI
WHITE
ROYALE
DUNHILL

TARIF DES CONSOMMATIONS

oissons chaudes	CL	COMPTOIR	SALLE
Café crème		1,60	2,60
Café crème gde tasse	14	2,10	3,80
Café décaféiné	7	1,10	2,20
Café express	7	1,10	2,20
Chocolat		1,60	2,50
Chocolat gde tasse	14	2,10	3,80
Consommé			
nfusions		2,10	3,80
ait chaud	14	2,10	3,80
unch			
rog	4	3,40	4,40
hé nature		2,10	3,80
hé avec lait ou citron		2,30	3,80
iandox		2,10	3,80
in chaud	14	2,40	3,80
hC AROME		2,40	3,80
apuccino		4,00	4,80

ères			
londe, le bock Kanter	10	1,80	/
le 1/2 Kanter	25	2,70	3,40
la bouteille			
rune, le bock			

Apéritifs-Cocktails	CL	COMPTOIR	SALLE
Alexandra			
Ambassadeur			
Américano			
Anis			
Banyuls			
Berger			
Byrrh			
Cinzano			
Dubonnet			
Duval			
Gin fizz			
Gin tonic			
Guignolet			
Guignolet kirsch			
Kir	14	2,80	3,80
Kir royal	14	6,60	7,50
Mandarin			
Martini blanc	6	2,10	3,80
Martini rose			
Martini rouge	6	2,10	3,80
Muscat			
Noilly Prat			
Pastis 51	2	2,10	3,80
Pernod 45			

Liqueurs	CL	COMPTOIR	SALLE
Anisette			
Bénédictine			
Chartreuse			
Chartreuse verte			
Cherry			
Cointreau	4	6,00	6,5
Crème de banane			
Crème de cacao			
Curaçao			
Grand Marnier cordon jaune			
Grand Marnier cordon rouge	4	6,00	6,5
Izarra jaune			
Izarra verte	4	6,00	[illegible]
Malibu			
Marie Brizard	4	[illegible]	6,0
Peppermint get 27	4	5,00	6,0
Téquila			
Triple sec			
Verveine jaune			
Verveine verte			

GEORGE WHITMAN, le petit-fils du poète Walt Whitman, tient depuis 1951 cette extraordinaire librairie d'occasion, face à Notre-Dame. Des milliers d'ouvrages littéraires débordent d'innombrables coins et recoins. Des étudiants et écrivains sans le sou peuvent dormir gratuitement dans l'un des six lits du grenier. La plupart ne restent qu'une nuit mais Allen Ginsberg y passa plusieurs semaines.

SHAKESPEARE & CO.

L'AGGLOMÉRATION PARISIENNE compte une population d'un million de Maghrébins. L'Institut du Monde Arabe rassemble le meilleur de l'architecture arabe et occidentale. Construit en 1987, ce bâtiment accueille une collection d'art du Moyen-Orient, des expositions, une bibliothèque, et une salle de concert où se produisent les grands noms de la scène arabe. Certaines ouvertures (à droite) reproduisent les volets traditionnels des palais maures, et réagissent à la lumière comme des obturateurs d'appareil photo.

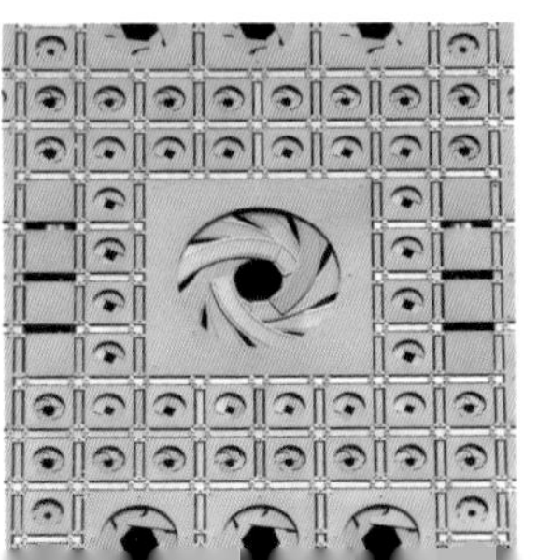

L’INSTITUT DU MONDE ARABE

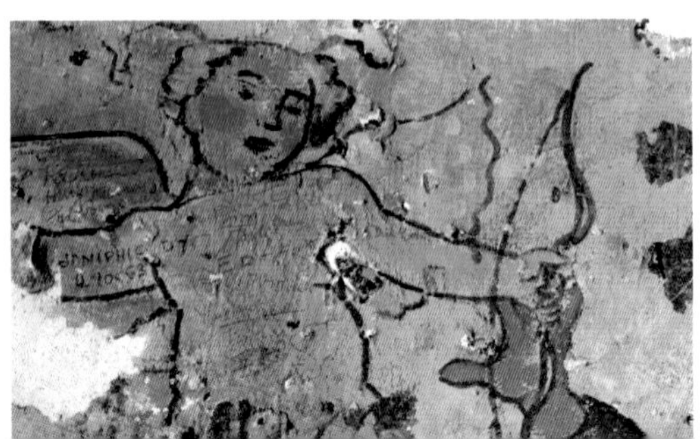

LA TOUR D'ARGENT est considérée comme « le restaurant le plus célèbre du monde ». Son chef sommelier David Ridgway et ses six collaborateurs veillent jalousement sur le demi-million de bouteilles réunies dans une cave ressemblant à un labyrinthe. Fou de vin, David Ridgway va régulièrement prospecter des vignobles, pour tester des crus qui n'apparaîtront pas sur les tables avant 15 à 20 ans de vieillissement.

LA TOUR D'ARGENT

LA BOUTEILLE la plus précieuse de la cave : un cognac Napoléon millésimé 1865. D'une valeur hallucinante de 65 000 euros, ce cognac est conservé dans une structure spéciale.

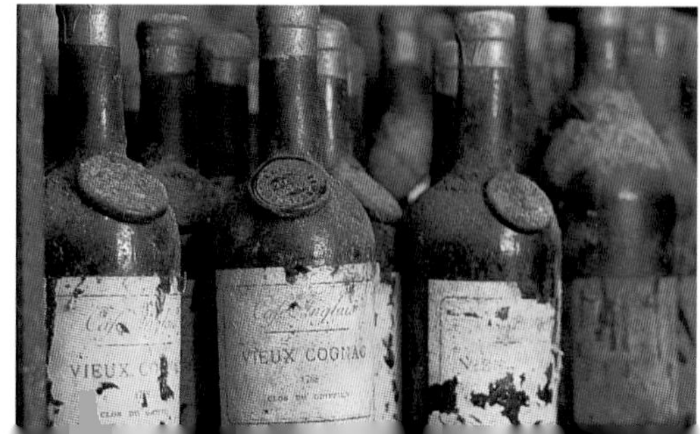

1964
1964

Cette récolte a produit
167.444 Bordelaises et 1/2 B^es de 1 à 167.444
2580 Magnums de M 1 à M 2580
37 Grands Formats de G F 1 à G F 37
double-magnums, jéroboams, impériales
3000 "Réserve du Château" marquées R.C.
Ci, N° 121314
Philippe de Rothschild
Château
Mouton Rothschild
BARON PHILIPPE DE ROTHSCHILD PROPRIÉTAIRE A PAUILLAC
APPELLATION PAUILLAC CONTRÔLÉE
TOUTE LA RÉCOLTE MISE EN BOUTEILLES AU CHATEAU
Ausone
1949
Cheval Blanc
1976
Château
Ausone
1970
Château
Angelus
1959
Château
Latour
1929
Château
Ausone
1934
Château
Margaux
1970
Château
Ausone
1945
Mission Ha
A019
A014

LES 23 HECTARES QUI ENTOURENT LE PALAIS DU LUXEMBOURG forment l'un des jardins les plus beaux et les plus appréciés de Paris. Ce grand espace vert comporte des sculptures d'inspiration classique, des terrains de pétanque, un théâtre de marionnettes, et même un élevage d'abeilles. Depuis 1958, c'est le Sénat qui occupe le palais du Luxembourg.

LE JARDIN DU LUXEMBOURG

DE NOMBREUX RESTAURANTS PARISIENS exposent leurs fruits de mer à l'étalage, sur le trottoir. Le bistrot du Petit Zinc, avec sa jolie façade de céramique Art Déco, se niche dans le quartier de Saint-Germain, autrefois bohème et maintenant très chic.

LE PETIT ZINC

DES LIONS ET DES ÉLANS semblent regarder les passants dans la vitrine de Deyrolle, taxidermiste depuis plus d'un siècle. La boutique ressemble à un zoo immobile et surréaliste, avec des lamas et des renards impassibles. Il y en a pour tous les goûts et toutes les bourses : un ours polaire vaut la modique somme de 11 000 euros, contre 5 euros pour un papillon.

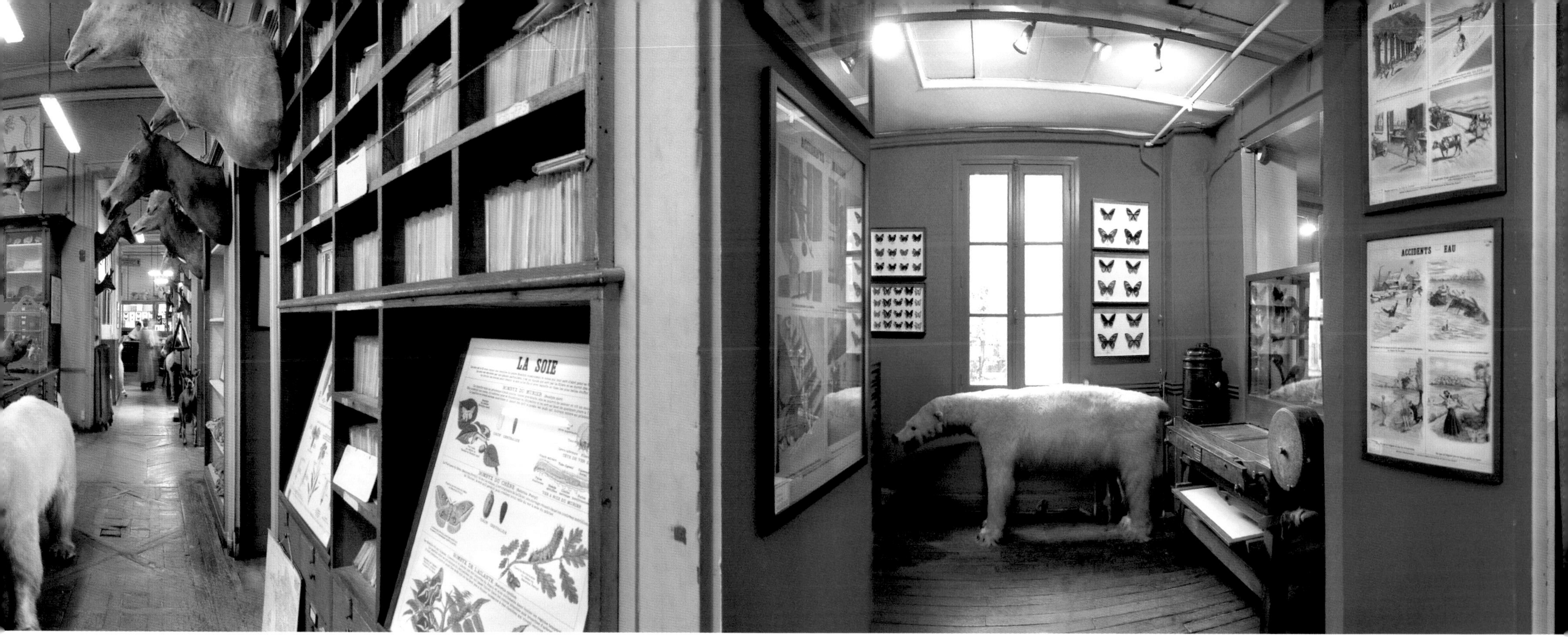

DEYROLLE

CONSTRUIT EN 1900 POUR L'EXPOSITION UNIVERSELLE, ce bâtiment aéré et spacieux au dôme de verre fut une gare puis un théâtre avant de devenir un musée, ouvert en 1986. Cet espace très fréquenté accueille une exposition permanente de grandes œuvres d'art datant de 1830 à 1914. Des touristes venus du monde entier viennent y admirer des tableaux de Van Gogh, Manet, Monet, Degas, Renoir et Cézanne.

LE MUSÉE D'ORSAY

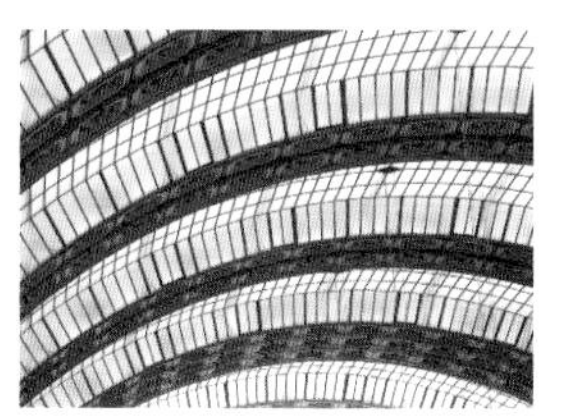

À PARIS, VOUS N'ÊTES JAMAIS LOIN D'UNE HORLOGE...
ces modèles géants dominent le musée d'Orsay, qui fut une gare jusque dans les années 1950. Des sculptures représentant les anciennes destinations des trains décorent les murs du musée. La vue derrière l'horloge extérieure est l'une des plus panoramiques de tout Paris.

CET ANCIEN HÔPITAL POUR SOLDATS ouvert au XVIIe siècle accueille désormais le Musée de l'Armée et l'église Saint-Louis-des-Invalides. Napoléon Bonaparte y repose, dans une série de six cercueils emboîtés les uns dans les autres. Un dernier exemple du légendaire complexe de Napoléon ? Pas vraiment : le « petit caporal », avec son mètre soixante, était dans la moyenne des Français de l'époque.

LES INVALIDES

LE MAGNIFIQUE HÔTEL BIRON, où Rodin vécut les neuf dernières années de sa vie, fut transformé en musée à sa mort, en 1917. On peut aujourd'hui visiter ses intérieurs magnifiques et admirer les sculptures, les esquisses et les tableaux qui se dévoilent sous les rotondes. Dans le jardin, sous le dais verdoyant des arbres, vous pourrez admirer le *Penseur* ou *Orphée*.

LE MUSÉE RODIN

NÉ À PARIS, Auguste Rodin (1840-1917) sculpta une œuvre d'une intensité qui changea le regard de ses contemporains sur cette forme d'art. *Le Penseur* (à droite) et *Le Baiser* (à gauche) sont tous deux des fragments d'une grande œuvre dite *Les Portes de l'Enfer,* ensemble colossal de portes de bronze commandé en 1880 par le Musée des Arts Décoratifs, et laissé inachevé à la mort de l'artiste en 1917.

A. Rodin

CONSTRUITE EN DEUX ANNÉES SEULEMENT (1887-1889), la tour Eiffel se dresse sur 300 mètres de hauteur, avec ses quelque 7 500 tonnes d'acier et ses deux millions et demi de rivets. Six millions de personnes la visitent chaque année, et c'est 170 millions de personnes qui l'ont vue depuis son inauguration en 1889, soit presque trois fois la population actuelle de la France.

LA TOUR EIFFEL

UN ESCALIER DE 1 665 MARCHES MÈNE AU SOMMET DE LA TOUR.

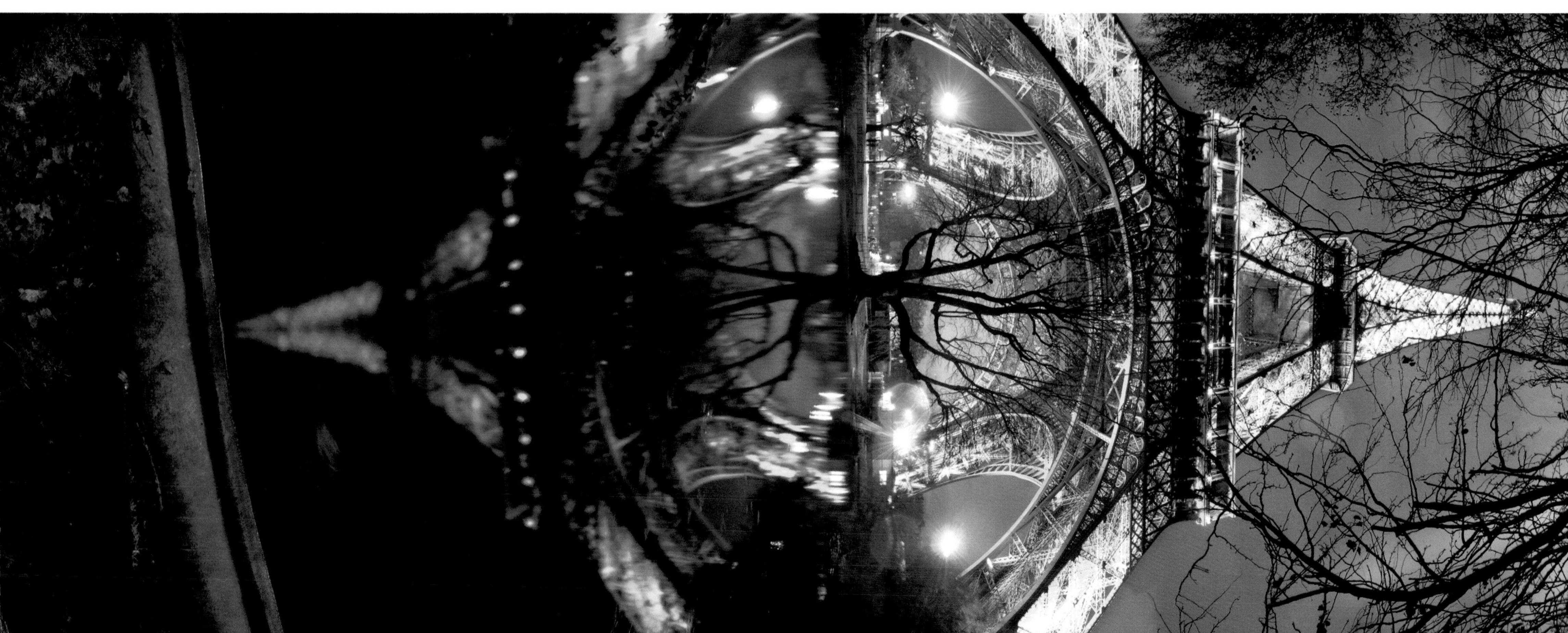

LA TOUR EIFFEL a connu des visiteurs excentriques. En 1889, Sylvain Dornan, un banquier, grimpa les 347 marches menant au 1er étage sur des échasses. En 1905, un athlète du nom de Forestier courut jusqu'au sommet, gravissant les 1 665 marches en trois minutes et 12 secondes. En 1948, Bouglione, propriétaire d'un cirque, fit monter un éléphant sur la tour. En 1969, un ours du cirque de Moscou évolua sur une patinoire temporaire installée au 1er étage.

BAPTISÉE « LA PLUS BELLE AVENUE DU MONDE », cette voie de 2 km reliant la place de la Concorde à l'Arc de Triomphe est célèbre pour ses cinémas, ses cafés et ses boutiques de luxe. C'est également un vaste boulevard sur lequel défilent d'innombrables voitures, taxis, camions et bicyclettes. Les véhicules circulant dans Paris, sont parfois très surprenants !

L'AVENUE S'APPELAIT À L'ORIGINE LE GRAND COURS.

LES CHAMPS-ÉLYSÉES

MBK
75YT 72792
LA POSTE
GARAGE de l' Ile Saint Louis
RESTAURANT
SPECIALITES DES ILES
TAXI
PARISIEN
A

BAR
FRANCE
PARIS
EUROPA UNION
NOTRE DAME
NOTRE DAME PARIS
Où se trouve l'expo du siècle ?
Pinacothèque DE PARIS
01 43 45 30 16
AGENCE DE VOYAGES
01.43.72.54.51

LES VICTIMES DE LA MODE, et plus particulièrement du chic parisien, arpentent l'avenue Montaigne, côté Champs-Élysées... en portant aux pieds des modèles Patrick Cox achetés chez Charles Jourdan. Celui-ci (1883-1976) commença par vendre des chaussures dès 1930, et ouvrit son magasin parisien en 1957. Il connut un tel succès qu'en 1986, la ville donna son nom à une rue.

CHARLES JOURDAN

DEPUIS SA FONDATION EN 1828, la maison Guerlain a créé 626 fragrances différentes, toutes à base des ingrédients fétiches de la marque : jasmin, rose, iris et fève de tonka. La société est restée une affaire familiale : leurs deux parfums les plus vendus, Shalimar et Samsara, ont été conçus par deux Guerlain, respectivement en 1925 et 1989.

GUERLAIN

C'EST SUR LA PLACE DE LA CONCORDE, avec ses fontaines et ses statues imposantes, que s'ouvrent les portes du très chic Hôtel Crillon ainsi que de l'Automobile Club de France. Dans les années 1790, cette place fut le théâtre de plus de 1 000 exécutions à la guillotine, dont celles de Louis XVI et de Marie Antoinette.

PLACE DE LA CONCORDE

LES NOCTAMBULES ET LES DANDYS se retrouvent au Buddha Bar. Depuis septembre 1996, tous les branchés se pressent dans ce lieu à la décoration d'un luxe inouï. Les *people* entrent par l'escalier monumental, dansent sur les musiques de DJ mondialement connus, ou boivent un cocktail dans un bocal à poissons rouges, à l'abri d'une alcôve discrète. La statue de Bouddha, haute de dix mètres, est une réplique de celle du musée Guimet.

LE BUDDHA BAR

CONÇU EN 1862 PAR CHARLES GARNIER pour Napoléon III, l'opéra Garnier avec sa débauche d'ors et de velours rouges, est représentatif du style architectural du Second Empire. Sa décoration intérieure de peintures et de sculptures en fait à la fois un théâtre et un musée. Dans la magnifique salle de plus de 2000 places, le plafond peint par Chagall en 1964 évoque les grandes œuvres du répertoire lyrique. Le lac souterrain a inspiré à Gaston Leroux le cadre de son célèbre roman, *Le Fantôme de l'opéra.*

IL FALLUT 13 ANS POUR ACHEVER L'OPÉRA.

L'OPÉRA GARNIER

FENDUE
DÉFENDUE
Miss.Tic
Soyons
Raisonnables...
Exigeons
L'impossible...
...

je t'aime
Kita suka pa nyana
SZERETLEK
LES ACTES GRATUITS ONT-ILS UN PRIX ?
MISS.TIC
BIG PIMPIN
TOUS LES DIMANCHES DE MARS 2004
SORTIE
KOOL GROOVE
DIEU EST MORT
DIEU EST MORT
DIEU EST MORT
DIEU EST MORT
DIEU EST MORT
DIEU EST MORT

NÉ ET ÉLEVÉ À PARIS, Philippe Maillot perpétue la tradition des artistes avant-gardistes de la capitale. Son atelier du 11e arrondissement est un labyrinthe de tableaux, de sculptures, et d'installations. Maillot est célèbre pour ses représentations remarquables d'une foule paniquée fuyant le World Trade Center… or, ces peintures datent de 1989.

POUR VOLTAIRE, LA PEINTURE FRANÇAISE A COMMENCÉ AVEC NICOLAS POUSSIN (1594-1665).

PHILIPPE MAILLOT

DÈS 1789, la Bastille devint un haut lieu de manifestations.
Plus discrètement, les artistes, brocanteurs et antiquaires se retrouvent régulièrement le dimanche matin sur les trois kilomètres du Marché Bastille.

ANTIQUAIRES À LA BASTILLE

LA COLONNE DE JUILLET (page suivante) rend hommage aux victimes des révolutions de 1830 et 1848.

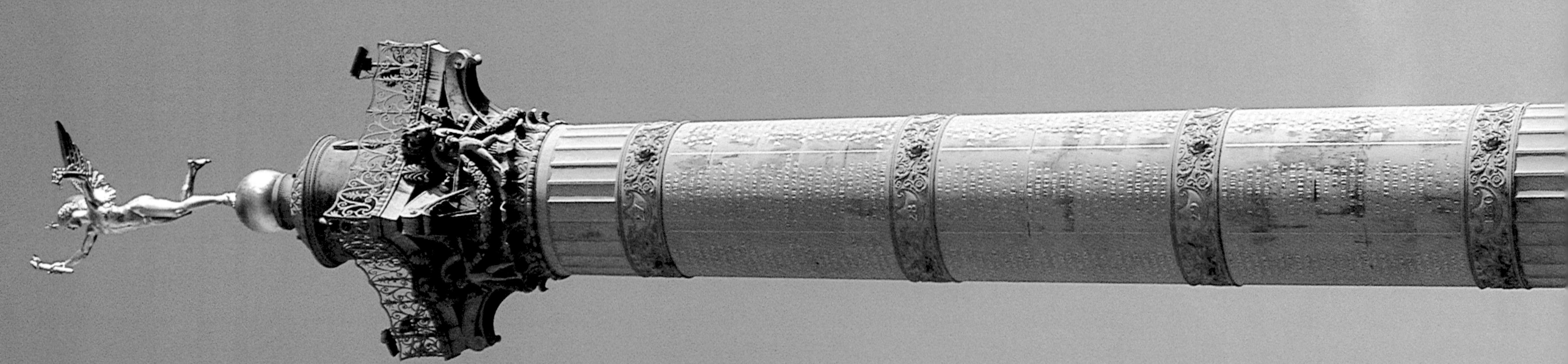

27 28 29
JUILLET 1830

4me. ARRt.
PLACE
DE LA
BASTILLE

LÀ OÙ LES INSURGÉS AFFRONTAIENT LE POUVOIR ROYAL, les Parisiens sirotent désormais leur expresso en parcourant *Le Monde*. Le café et le kiosque à journaux forment l'essence même de la vie parisienne. Le quartier de la Bastille, autrefois populaire, s'est tant bien que mal accommodé de l'arrivée de l'argent : sur le site de la prison de la Bastille se trouve désormais la Société Générale.

CAFÉ À LA BASTILLE

CAFE
BASTI
BASTILLE
TEL 01 43 07 79 95
PRIX SERVICE COMPRIS 15%
MERCI DE VOTRE VISITE
21-12-03

VOLTAIRE, PHILOSOPHE PARISIEN (1694-1778), avait la réputation de boire une cinquantaine de cafés par jour. Le café fait partie intégrante de la vie parisienne. Celui que les Parisiens consomment le plus souvent est le « petit noir », mais vous pouvez aussi demander un « crème » que l'on vous servira avec un nuage de lait.

À DEUX PAS DU MARCHÉ D'ALIGRE, le Baron Rouge est une ancienne cave devenue bar à vin, où se côtoient les gens du quartier et les visiteurs de passage. Il y en a pour tous les goûts, du vin en tonneau à 2 euros le litre jusqu'aux crus intéressants servis au verre. Accoudés aux tonneaux, les habitués font passer leur fromage ou leurs huîtres avec de solides rasades de vin rouge.

LE BARON ROUGE

CET INCROYABLE RESTAURANT situé à l'intérieur de la gare de Lyon ne ressemble guère au buffet de gare standard. Le décor d'arches et de statues dorées, de panneaux de bois sombre, de stucs et de lustres en cristal est aussi enchanteur que les fresques illustrant les différentes destinations ferroviaires. Ce chef-d'œuvre de la Belle Époque est devenu monument historique en 1972.

LE TRAIN BLEU

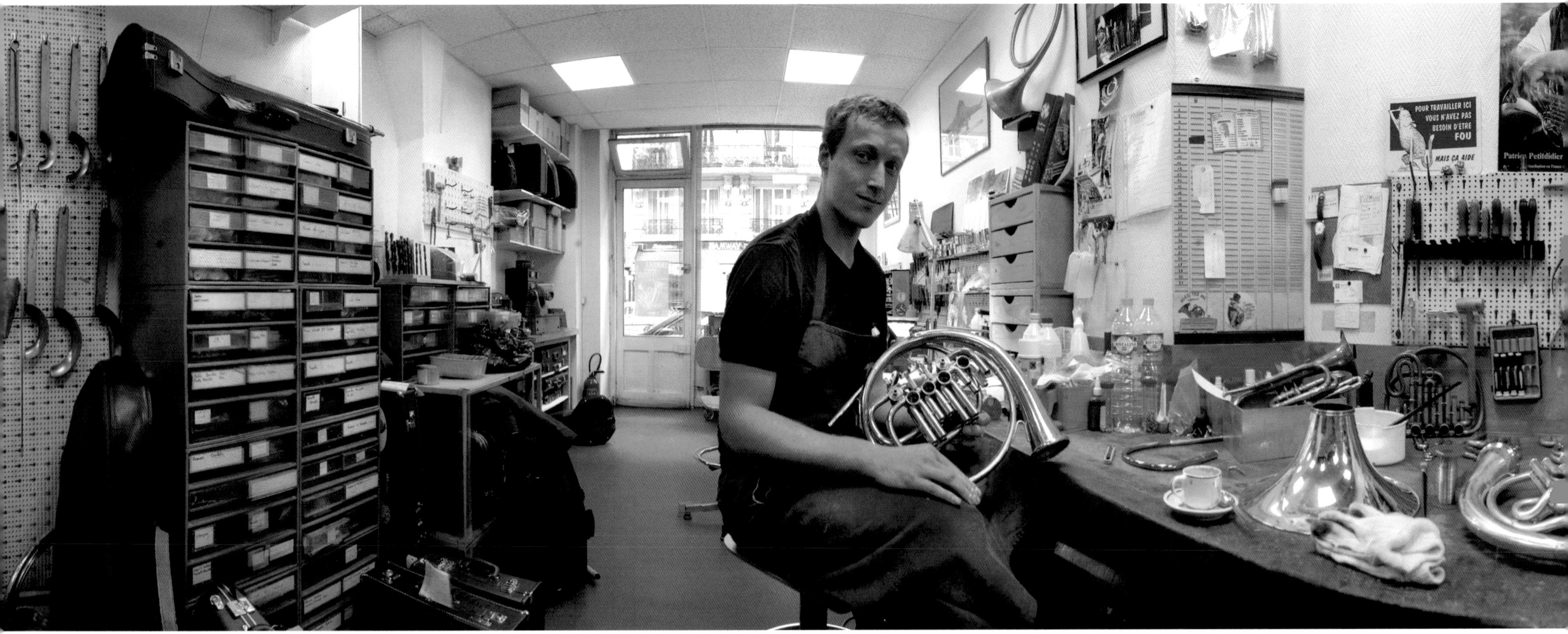

LES MUSICIENS DU SUD DE LA FRANCE, d'Espagne et d'Italie prennent le train pour se rendre à la boutique l'Olifant, non loin de la gare de Lyon, dans le 12e arrondissement. Cette affaire familiale, vieille de plus d'un siècle, se spécialise dans la réparation d'instruments en cuivre : un véritable hôpital pour trompettes, trombones, tubas et autres cors.

L'OLIFANT

IL PORTE LE NOM de l'une des bienfaitrices de l'hospice des Enfants-Trouvés qui se dressait jusqu'en 1902 à l'emplacement actuel du square Trousseau, tout près de la place d'Aligre. Marché célèbre pour ses épices, bien qu'on y trouve également des fruits, des légumes, du fromage et de la viande, il est réputé pour son animation, ses prix modestes et sa brocante.

LE MARCHÉ D'ALIGRE

LES JEUX DE LUMIÈRE SUR LA TOUR EIFFEL NÉCESSITENT 40 KM DE CÂBLES ÉLECTRIQUES.

CERTAINS ESTIMENT que la vue sur la tour Eiffel depuis les terrasses arborées du Trocadéro est la plus belle de toutes. L'été 2003 vit le lancement des jeux de lumière sur la tour. Pendant les dix prochaines années, chaque nuit, 20 000 lumières étincelantes clignoteront sur la tour dix minutes par heure. À droite de la photo, l'imposant palais de Chaillot qui accueille le musée de la Marine et le musée de l'Homme.

LES JARDINS DU TROCADÉRO

LES 5 500 MÈTRES CARRÉS du musée des Arts Asiatiques Guimet accueillent l'une des plus grandes collections d'art asiatique et oriental au monde. Fondée en 1879, la galerie a été complètement rénovée en 1996 ; les architectes Henri et Bruno Gaudin ont accordé la priorité à la lumière naturelle et aux perspectives ouvertes, afin de créer un environnement aussi spacieux et serein que possible.

LE MUSÉE GUIMET

CE PONT MÉTALLIQUE RELIE LE 15E AU 16E ARRONDISSEMENT, de chaque côté de l'allée des Cygnes. Construit en 1878, il fut surnommé « la passerelle de Passy ». Le pont est décoré de sculptures en fonte, représentant notamment des marins et des forgerons. Quatre autres figures allégoriques sont taillées dans la partie en pierre. En 1948, le pont fut renommé Bir-Hakeim pour célébrer la victoire du général Koenig sur Rommel, dans le désert de Lybie, en juin 1942.

LE PONT DE BIR-HAKEIM

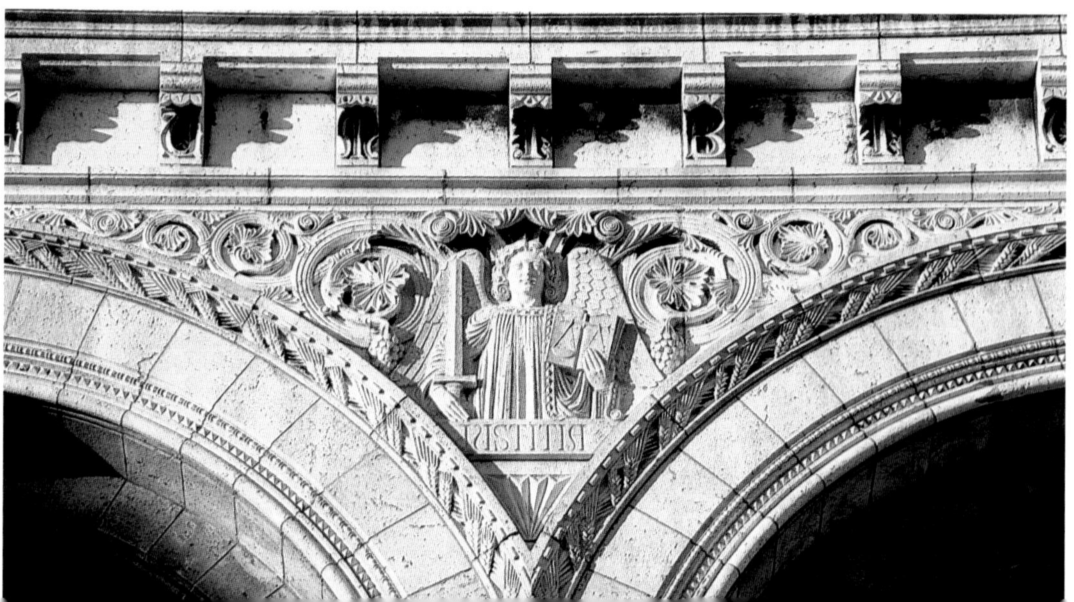

LES FRANÇAIS VOUENT UN CULTE aux gâteaux, des Paris-Brest aux choux à la crème en passant par les tartes et les macarons. Très exigeants sur la qualité, ils privilégient les commerçants de quartier qu'ils choisissent avec soin.

LA PÂTISSERIE DESGRANGES

YVES DESGRANGES dirige deux boulangeries ouvertes 24 heures sur 24 ; il crée aussi des gâteaux pour le Ritz et pour le palais de l'Élysée. Sa tour Eiffel en sucre glace est particulièrement réputée. Yves est le dernier descendant d'une famille de boulangers.

CETTE BOULANGERIE PRODUIT 1 900 BAGUETTES PAR JOUR.

LA BOULANGERIE DESGRANGES

LE CÉLÈBRE « MOULIN-ROUGE », où naquit le french cancan, présente jusqu'à trois spectacles par jour, et emploie dix couturières à temps plein pour ses centaines de costumes. Chaque show flamboyant fait appel à 40 danseuses, 20 danseurs, six poneys et cinq pythons. D'autres représentations plus extravagantes encore utilisaient des panthères, des ours, et même des dauphins dans des aquariums géants.

PLUS DE 1 000 COSTUMES POUR CHAQUE SPECTACLE.

LE MOULIN ROUGE

MIRAGE FÉERIQUE AU SOMMET DE LA BUTTE MONTMARTRE, la basilique du Sacré-Cœur fut construite suite à un vœu, à la mémoire des 58 000 soldats français tués au cours de la guerre de 1870. La construction de l'édifice commença en 1876, fut achevée en 1914, mais ne fut consacrée qu'en 1919, après la fin de la première guerre mondiale. Un escalier de 234 marches mène jusqu'en haut du dôme, d'où s'étend une vue panoramique sur plus de 40 kilomètres. La cloche qui s'abrite dans le campanile pèse 18,5 tonnes.

LE SACRÉ-CŒUR

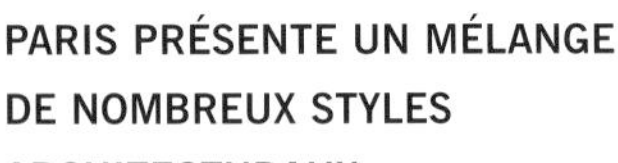

PARIS PRÉSENTE UN MÉLANGE DE NOMBREUX STYLES ARCHITECTURAUX : roman, gothique, renaissance, baroque, néo-classique, Art Nouveau… mais les immeubles restent peu élevés, surplombés par les dômes de quelques monuments célèbres. Le plus spectaculaire d'entre eux est celui du Sacré-Cœur, qui constitue l'un des points de vue les plus élevés sur Paris.

LA PREMIÈRE LIGNE DU MÉTRO DE PARIS, l'un des plus anciens du monde, fut inaugurée en 1900. Aujourd'hui, il comporte un réseau de plus de 180 km, 15 lignes et 368 stations, dont 87 avec correspondance. Chaque jour, six millions de voyageurs empruntent ses 3 500 wagons. Abbesses et Porte Dauphine sont les seules stations qui présentent encore à l'entrée leur dais de verre Art Nouveau, œuvre d'Hector Guimard.

LE MÉTRO

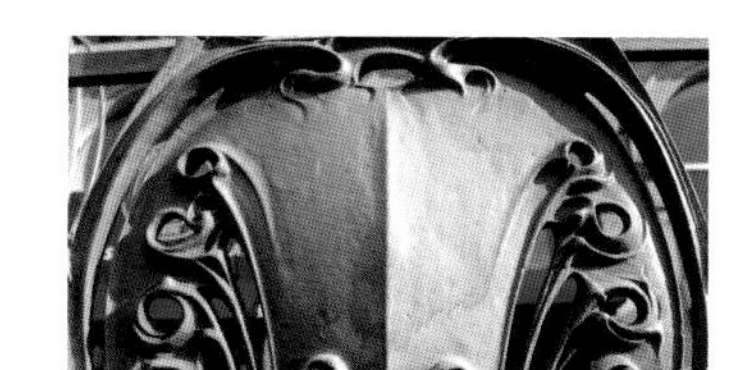

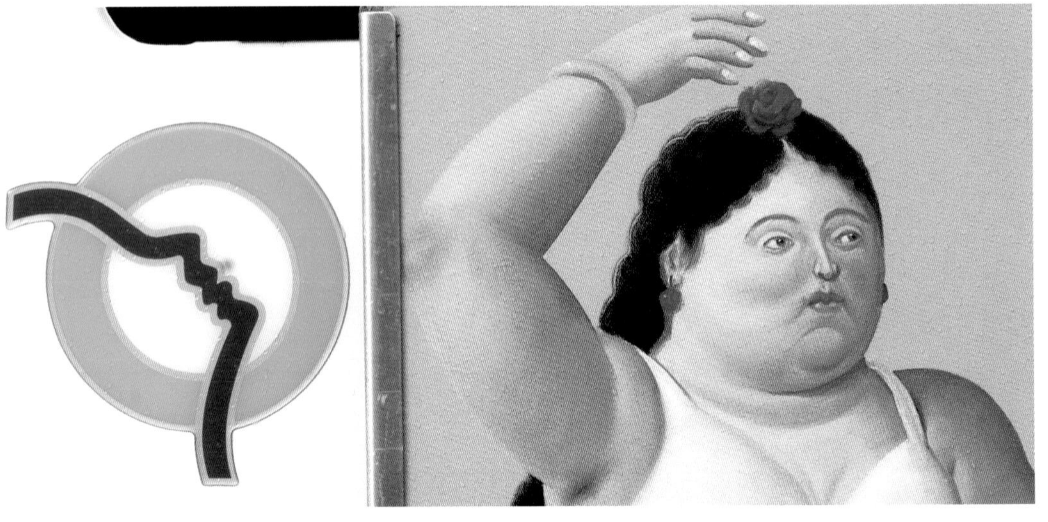

LES COULEURS JOUENT UN RÔLE IMPORTANT dans le système centenaire du métro parisien qui s'apparente parfois à un véritable labyrinthe. Le mot « métro » ou « métropolitain » apparaît dans toutes sortes de styles et de caractères, souvent sur fond rouge. En sous-sol, les correspondances sont indiquées en orange, et les sorties en bleu.

METRO

M

METROPOLITAIN

PLUS D'UN MILLION DE PERSONNES sont enterrées sous les allées boisées du cimetière le plus visité du monde, qui porte le nom du confesseur de Louis XIV, le père de La Chaise. Molière, Proust, Balzac, Chopin, Bizet, Sarah Bernhardt, Edith Piaf, Oscar Wilde et Jim Morrison figurent parmi les célébrités qui reposent dans les 70 000 tombes et mausolées. Le cimetière du Père-Lachaise est une oasis de tranquillité au milieu d'un quartier populaire et animé.

EN 1871, 147 INSURGÉS COMMUNARDS Y FURENT FUSILLÉS.

LE PÈRE-LACHAISE

100 000 PERSONNES Y TRAVAILLENT et 35 000 personnes y vivent. Le lotissement urbain ultra-moderne dit La Défense, fut construit à l'ouest de Paris pour éviter l'érection de gratte-ciel dans la ville intra muros. Son bâtiment le plus célèbre est bien sûr la Grande Arche futuriste en marbre, granit et verre, inaugurée en 1989, et qui complète l'axe historique. Chaque côté de l'Arche mesure exactement 110 mètres de long : Notre-Dame pourrait tenir au milieu.

LA DÉFENSE RAPPELLE LE NOM D'UN COMBAT CONTRE LES PRUSSIENS, EN 1870.

LA DÉFENSE

REMERCIEMENTS

C'est seulement à la fin de cet ouvrage que j'ai réalisé combien de gens avaient contribué à sa création, en apportant leur enthousiasme et leur énergie, et en y consacrant leur temps. Qu'ils soient tous remerciés.

Merci à mon « indicateur» local Aimee Sewell – avec Mia – pour les innombrables heures passées au téléphone, à traduire des lettres ou à envoyer des fax et des e-mails.

Merci également à mes assistants Graham Carlow et Clare Miller, ainsi qu'à Alva Bernadine et Kirsty McLaren, pour la post-production des images.

Merci à Clare Baggaley et à l'équipe éditoriale, Stella Caldwell, Penny Simpson, Lisa Moore et Ian Gittins.

Merci à Catherine StPhalle, Vanessa McDonald, Frédérique Lombart, Bénédicte Burrus, Pascaline Monier, Andrew et Julia Preston, Janet Pharoah, Bernard Hermann, René Pré, Fifi Chachnil et Anne, Didier Tintin, George Whitman, David Ridgway, Stéphane, Christina Ferreyros, Vincent Brockville, Francisco au 59 rue Rivoli, Patricia Oranin, Michèle Georges, Anika Guntrum, Philippe Maillot, Jacques et Catherine Boucherat, Bertrand Dior, Yves Desgranges, Cécile Gallais, Frank l'artiste, Marie Delbet, Jean-Luc Pehau-Ricau, René Laguillemie, Emmanuelle Bresson, Danielle Bresson, et tous les Parisiens qui m'ont fait partager leur passion pour leur ville.

Merci enfin à Liz Tjostolvsen et à ses collègues de Realviz qui ont fourni l'aide technique et le logiciel Stitcher utilisé pour les images à 360°.

Nick Wood 2004

Pour de plus amples informations, vous pouvez consulter les sites Internet suivants :

www.nickwoodphoto.com
www.moulin-rouge.com
www.guerlain.com
www.imarabe.org
www.maillot.philippe.free.fr
www.eiffel-tower.com
www.petitzinc.com
www.le-train-bleu.com
www.mauboussin.com
www.musee-rodin.com
www.invalides.org
www.buddha-bar.com